Le Pendule

Mon coffret de divination

mll

Sommaire

Le concept de pendule –
et son utilisation comme outil –
daterait de l'Égypte ancienne.

En effet, on a retrouvé des amulettes égyptiennes, conçues sur la base de la géométrie sacrée, sous forme d'artefacts archéologiques prenant la forme d'Isis, d'Osiris ou de Thot.

Ces talismans aux propriétés magiques protégeaient les Égyptiens de l'Antiquité dans leur vie quotidienne, mais aussi dans l'au-delà. Ils ont inspiré la création des pendules tels que nous nous en servons aujourd'hui.

La radiesthésie qui est appliquée aujourd'hui date, elle, du XXe siècle.

C'est une technique divinatoire qui utilise le pendule ou la baguette de sourcier. Elle part d'un postulat : tout être vivant est soumis à des énergies qu'il est possible de canaliser grâce à certains outils.

Cette idée existait depuis de nombreuses années mais c'est seulement à partir de 1926 que l'abbé Bouly commence à vouloir associer cette pratique à d'autres plus scientifique pour que l'on reconnaisse son authenticité.

Tout savoir sur le pendule

Le pendule est un objet oscillant constitué de deux parties :

- Une masse devant faire un certain poids, ni trop lourd ni trop léger (voir section « Choisir son pendule »), et d'une forme symétrique.
- Un lien de 10 à 20 cm en moyenne qui lui est attaché de façon équilibrée.

Il existe un grand nombre de pendules disponibles dans le commerce, qu'ils soient manufacturés ou fabriqués par des artisans lapidaires ou tourneurs sur bois.

✦

Il est possible de le confectionner soi-même très simplement, mais il faudra veiller à l'équilibre des masses afin que le pendule produise une oscillation harmonieuse.

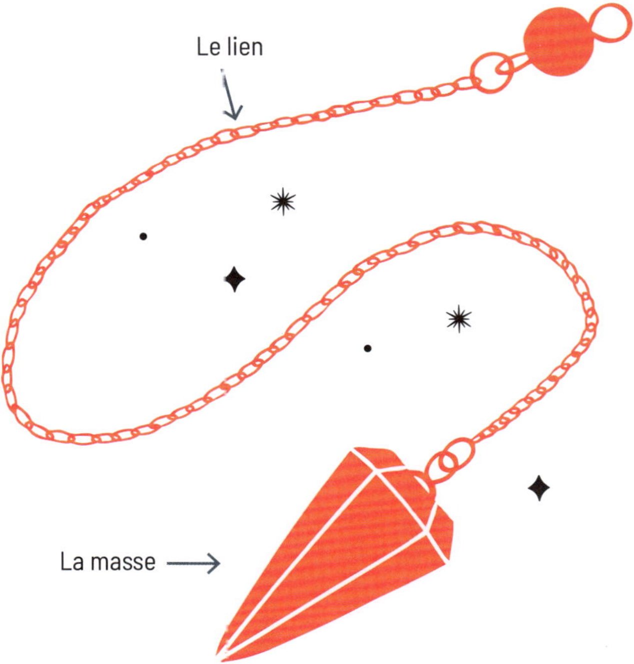
Le lien
La masse

L'oscillation du pendule provient de sa capacité à percevoir les énergies. Lorsqu'il détectera les ondes magnétiques émise par son porteur et le subconscient de celui-ci, il entrera dans un mouvement de rotation ou de va-et-vient.

Il est très important en tant qu'utilisateur d'ouvrir son esprit au maximum en respectant les conseils de la section « La préparation » (page 40) afin de permettre aux énergies de circuler.

Le pendule est un objet capable de percevoir des informations de l'invisible (dans lequel tout est énergétiquement interconnecté) à travers notre corps et de les restituer dans le visible pour fournir des réponses aux questions qu'on lui a posées.

✦

Ces questions peuvent couvrir
un large panel de thèmes concernant
des éléments physiques et tangibles ou
des éléments invisibles et subtils.

Les pendules sont par essence tous récepteurs : ils reçoivent une vibration énergétique qu'ils retransmettent sous la forme d'une oscillation que nous allons interpréter pour répondre à notre question.

Certains pendules sont, en plus, également emetteurs : ils sont capables de transmettre une information vibratoire à un objet pour en modifier le taux vibratoire, ou à un être humain lors d'un soin énergétique, pour lever un blocage par exemple.

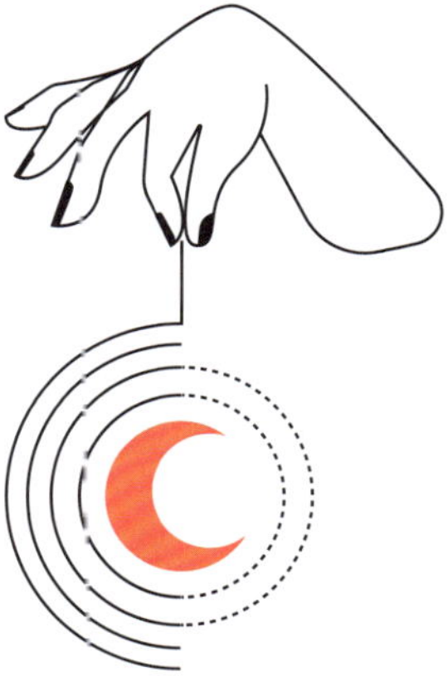

Le pendule peut revêtir une multitude de formes, parfois réservées à un usage bien précis :

- Sous forme de goutte, de cône, de poire, de pic ou de boule : plus sa pointe sera marquée, plus les réponses seront précises.
- Le pendule témoin de l'abbé Mermet est creux et doté d'une partie dévissable, ce qui permet d'y glisser un objet pour faciliter l'obtention d'une réponse dans le cadre d'une recherche de personne, d'animal ou d'objet.

• Le pendule égyptien de Thot est inspiré de l'amulette Ouadj et a la forme d'un papyrus suspendu ; il a la caractéristique d'être à la fois émetteur et récepteur.

• Le pendule conique pyramidal à six facettes permet, par sa forme, une amplification des réponses recueillies, qui seront ainsi très précises.

• Le pendule à onde de forme est utilisé par les magnétiseurs, car son énergie d'émission est supérieure à celle de la plupart des autres pendules.

Le pendule en bois est idéal pour les débutants, particulièrement celui en buis qui est neutre et qui est un excellent récepteur. D'un poids plutôt léger, il va facilement osciller si l'utilisateur est dans les bonnes conditions. Mais certains bois ont aussi une signification comme l'aulne qui représente le courage et la connaissance ou le lierre parfait pour se connecter à son intuition.

Le bois est une matière
on ne peut plus naturelle qui vit et qui meurt,
il se connecte aisément au vivant
et à l'invisible.

Le pendule en métal est neutre, c'est-à-dire que la matière n'influence pas son utilisation. On peut donc l'utiliser pour tout usage. Il est recommandé de choisir des métaux comme le laiton.

Cependant, il capte moins bien les énergies car il s'agit d'une matière moins sensible.

Il faut également faire attention à la provenance du métal et chercher le métal le plus pur possible en évitant les alliages.

Enfin, il existe les pendules en cristaux. Chaque pierre ayant ses propres propriétés, elles vont influer sur l'utilisation du pendule. Voici quelques pierres et leurs spécificités.

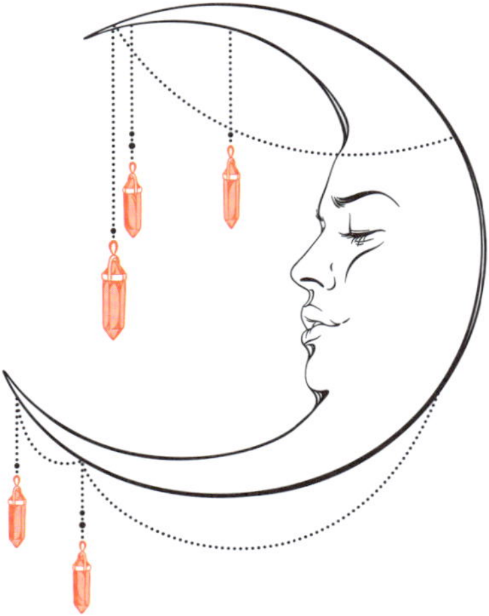

Le quartz rose amène l'amour de soi et des autres. Il permet de répondre à un besoin de sécurité et aide à surmonter ruptures et deuils. C'est l'une des pierres les plus prisées en lithothérapie.

Origines du cristal : cette pierre provient des roches magmatiques et selon la mythologie grecque, il s'agirait du sang d'Aphrodite, blessée avec des ronces pour défendre son amant.

À savoir : le quartz rose aurait de nombreuses propriétés sur le plan physique, surtout pour les voies respiratoires.

Attention à ne pas l'exposer trop longtemps au soleil, le cristal risquerait de perdre sa couleur.

Pour le purifier : faire une fumigation ou le tremper dans de l'eau.

Pour le recharger : l'exposer à la lumière du soleil levant ou de la lune.

Le cristal de roche est très sensible aux énergies et est une pierre neutre, même si elle dispose de pouvoirs de guérison. C'est une bonne pierre pour un pendule de débutant.

Origines du cristal : cette pierre peut provenir de nombreux endroits différents et est souvent issue de roches magmatiques, métamorphiques ou sédimentaires. À l'époque préhistorique, elle servait à faire du feu, comme le silex.

À savoir : le cristal de roche permettrait d'être en meilleure santé, il est considéré comme sacré dans le chamanisme.

Pour le purifier : le tremper dans de l'eau.

Pour le recharger : l'exposer à la lumière du soleil.

L'améthyste est la pierre de la sérénité, elle favorise le sommeil et le recul sur soi-même. C'est une excellente pierre contre le stress.

Origines du cristal : cette pierre se forme en profondeur ou à la surface de la roche volcanique. Dans la mythologie grecque, on raconte qu'Artémis aurait transformé l'amante de Dionysos en cristal et que, furieux, celui-ci aurait versé du vin dessus, lui donnant sa teinte violette.

À savoir : l'améthyste tient sa couleur des résidus de fer. Il existe une améthyste très rare à l'état naturel, de couleur verte, que l'on peut aussi obtenir en chauffant l'améthyste violette (opération réalisée par des professionnels).

Pour la purifier : faire une fumigation ou la tremper dans de l'eau.

Pour la recharger : l'exposer à la lumière de la lune.

L'obsidienne noire permet la protection de soi et est très sensible aux énergies. C'est une pierre d'ancrage.

Origines du cristal : cette pierre est une pierre volcanique naturelle. Sous certaines conditions, la lave peut former cette pierre. Elle est très tranchante et servait à fabriquer des armes à la préhistoire.

À savoir : l'obsidienne peut être de couleur noire à vert foncé, mais aussi d'un rouge très sombre. Elle aurait aussi tendance à réchauffer son propriétaire.

Pour la purifier : faire une fumigation ou la tremper dans de l'eau.

Pour la recharger : l'exposer à la lumière du soleil.

La fluorite amplifie la concentration et l'organisation. Elle permet d'harmoniser ses pensées.

Origines du cristal : cette pierre se forme dans les veines hydrothermales riches en minéraux métalliques. Très belle, elle servit d'ornement dès l'Antiquité.

À savoir : la fluorite peut être de nombreuses teintes différentes et beaucoup de ces pierres sont fluorescentes à la lumière UV.

Pour la purifier : faire une fumigation ou la tremper dans de l'eau.

Pour la recharger : l'exposer à la lumière de la lune.

L'œil-de-tigre protège des énergies négatives, il les renvoie vers leur émetteur et permet ainsi de garder une stabilité émotionnelle.

Origines du cristal : cette pierre provient de la crocidolite et tient sa couleur de résidus de fer. Elle est utilisée pour ses bienfaits dès la période de l'Empire romain pour conférer du courage aux soldats.

À savoir : l'œil-de-tigre serait responsable de la réussite. Mais il ne faut pas la confondre ave l'œil-de-taureau ou l'œil-de-faucon qui sont très similaires.

Pour la purifier : faire une fumigation ou la tremper dans de l'eau.

Pour la recharger : l'exposer à la lumière du soleil.

Le choix du Pendule

On choisit son pendule à l'intuition : lorsqu'on le voit, la connexion qui existe déjà entre lui et nous se révèle à nous, et on sait instantanément que c'est celui-ci qu'il nous faut.

L'idéal est de passer sa main au-dessus des différents pendules et de voir si l'un d'entre eux provoque une certaine chaleur dans la paume de la main.

✦

C'est le signe que le pendule
nous appelle et nous invite
à pratiquer avec lui.

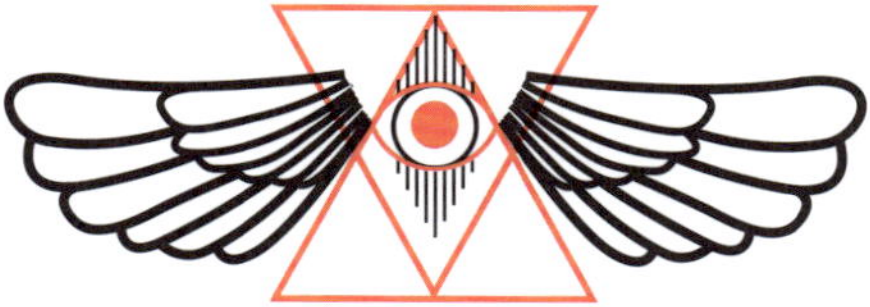

En général, on attribue une utilisation précise à un pendule que l'on programme dans ce but. C'est pourquoi, si vous développez votre pratique, vous devrez sans doute en acquérir plusieurs :

- **Le pendule de géobiologie :** pour repérer des sources aquatiques, des flux d'eau, des champs magnétiques, des failles géologiques...

- **Le pendule de localisation :** à utiliser avec une carte topographique dans le but de localiser un objet, une personne ou un animal, ou avec un plan de maison pour localiser une perturbation.

- **Le pendule divinatoire :** pour répondre par oui ou par non à des questions fermées ou, grâce aux planches de radiesthésie, pour apporter des réponses beaucoup plus précises et ciblées.

- **Le pendule de guérison :** il est utilisé par les énergéticiens et guérisseurs pour harmoniser les corps subtils et lever les blocages énergétiques.

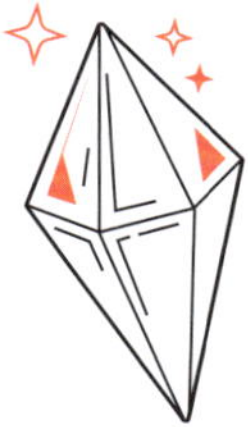

Focus sur l'intuition

L'intuition est une force puissante, c'est une réponse, une certitude, qui apparaît à l'esprit sans faire appel à la réflexion consciente.

Elle se travaille au quotidien pour apprendre à l'écouter et à la reconnaître. Pour cela, nous pouvons méditer, ce qui nous reconnectera à notre nous profond et permettra de nous détacher de nos pensées conscientes.

L'important est de faire appel
à son inconscient, son corps et son cœur
plutôt qu'à sa raison.

En dehors de cela, le poids du pendule doit être compris entre 10 et 25 g, et il doit être parfaitement équilibré. La confirmation finale se fera intuitivement lorsque vous l'essaierez.

✦

L'utilisation du pendule et surtout
le lieu où l'on veut pratiquer influeront
sur le choix du poids du pendule.

✦

Pour une pratique intérieure ou débutante, on se dirigera plutôt vers un pendule léger. Au contraire, si l'on veut pratiquer en extérieur, il est recommandé de se diriger vers un pendule plus lourd.

Le pendule doit être purifié et rechargé avant d'établir les conventions et de le programmer lors de la première utilisation.

Nous verrons comment faire cela dans la section « Nettoyer et recharger son pendule » (page 49). En attendant, il est important de bien respecter cette étape pour décharger le pendule des énergies qu'il a accumulées pendant son chemin jusqu'à nous.

Que ce soit son fabricant ou son vendeur, plusieurs personnes l'ont touché et lui ont transmis leurs ondes magnétiques.

Comment utiliser le pendule

✦

La préparation

Avant chaque utilisation du pendule, vous devez veiller à respecter ces différents points, dans l'ordre chronologique :

La neutralité : essayez de rester concentré(e) et détaché(e) pour ne pas influencer les réponses du pendule.

La stabilité émotionnelle et l'ancrage : choisissez un moment où vous êtes émotionnellement stable pour interroger votre pendule ; procédez à une méditation d'ancrage avant de passer à la suite.

La protection : établissez mentalement un cocon protecteur lumineux autour de vous pour vous protéger de toutes les énergies néfastes.

La programmation (à ne faire qu'une fois par pendule) : une fois que vous avez décidé à quoi servira votre pendule, tenez celui-ci (nettoyé et rechargé) dans vos mains et octroyez-lui par votre intention le rôle qu'il revêtira par la suite selon les différentes utilisations présentées aux pages 30 et 31.

L'intention : avant de penduler, visualisez clairement dans votre mental l'intention avec laquelle vous interrogez votre outil aujourd'hui.

✦

La prise en main

En position assise ou debout, le dos droit et les pieds bien à plat, prenez le pendule en main en plaçant la chaînette au creux de votre paume. Placez le pendule en suspension en tenant la chaînette entre le pouce et l'index de votre main directrice, en laissant 5 à 10 cm entre vos doigts et la masse du pendule. Idéalement, votre avant-bras est positionné avec un angle de 45° par rapport au sol.

Les exercices

Après avoir procédé à l'établissement des conventions expliqué dans les pages suivantes, vous pouvez procéder à certains exercices pour prendre en main votre pendule.

Exercice 1 :

Prenez un jeu de cartes et sélectionnez deux noires et une rouge. Retournez-les devant vous face contre la table et mélangez-les. Demandez au pendule en le positionnant au-dessus de chacune des cartes s'il s'agit de la rouge et interprétez sa réponse selon la convention établie.

Exercice 2 :

Toujours dans le même jeu, tirez quatre cartes et retenez l'une d'entre elle. Mettez ensuite les cartes devant vous, face contre la table. Passez le pendule au-dessus de chacune d'elle et demandez-lui s'il s'agit de celle que vous avez mémorisée. Interprétez la réponse selon la convention établie.

✦

La pratique

• **L'établissement des conventions (à ne faire qu'une fois par pendule) :** il est nécessaire de fixer les conventions avec votre pendule pour vous permettre par la suite d'interpréter ses mouvements répondant à vos questions. Pour ce faire, une fois les étapes précédentes réalisées, et sans planche de radiesthésie, demandez à votre pendule de vous montrer :

- Un « oui »
- Un « non »
- Un « peut-être » ou « reformulez la question »

Puis recommencez pour confirmer les réponses.

✦

Une fois les conventions établies,
elles seront définitivement fixées et il ne sera pas nécessaire de recommencer la fois suivante.

- **La demande d'autorisation de penduler :** à cette étape, il vous faut demander à la Conscience Universelle (l'ensemble de ce qui existe réuni sous une conscience unique) la permission de poser la question que vous souhaitez éclaircir avec le pendule. Vous pouvez vous aider de la planche de radiesthésie comportant les réponses « oui/non/peut-être ». Demandez-lui par exemple : « *Est-ce que j'ai l'autorisation aujourd'hui de penduler pour demander si je trouverai un nouvel emploi dans le mois à venir ?* », et attendez la réponse. Si vous n'obtenez pas l'autorisation, stoppez ici et recommencez plus tard.

- **Formuler judicieusement la question :**

  * Posez la question le plus simplement possible, sans utiliser de négation, et en ne formulant qu'une demande à la fois.

  * Sans planche de radiesthésie, vous ne pouvez recevoir que des réponses « oui/non/peut-être » à des questions fermées, selon les conventions établies avec votre pendule.
    Par exemple : « *Est-ce que je trouverai un nouvel emploi dans le mois à venir ?* »

* Avec planche de radiesthésie, vous pouvez obtenir des réponses beaucoup plus larges et précises, à des questions ouvertes ou fermées. Par exemple avec l'échelle de Bovis : *« Quel est mon taux vibratoire aujourd'hui ? »*

- **Le libre arbitre :** votre pendule vous indique le futur le plus probable au moment où vous pendulez. Toutes vos actions et décisions ultérieures peuvent remplacer ce futur potentiel par un autre. Ainsi, vous n'avez aucune obligation de suivre les réponses du pendule. Voyez déjà comment la réponse résonne en vous : vous conforte-t-elle dans vos ressentis ou vous met-elle mal à l'aise ? Vous pouvez aussi laisser passer quelque temps avant de reposer la question pour voir si les réponses ont changé.

- **Booster la réceptivité du pendule :** pour optimiser la sensibilité du pendule et préciser ses réponses, diverses options s'offrent à vous comme un mode de vie sain et équilibré (alimentation, sport, gestion des émotions), la méditation, le contact avec la nature, la lithothérapie et l'aromathérapie, etc.

Purifier et recharger le pendule

Avant toute utilisation, le pendule doit être purifié et rechargé, afin que rien ne vienne perturber ou fausser ses réponses.

Lors de ce processus, l'intention est primordiale : vous devez visualiser que le pendule est nettoyé puis rechargé.

L'intention est aussi forte que l'intuition, c'est une focalisation de vos énergies invisibles dans un sens donné pour réaliser tout ce que vous souhaitez entreprendre.

Pour le purifier :

- D'une façon générale, vous pouvez le nettoyer grâce à la fumée d'un bâton de fumigation ou d'encens ou par enfouissement pendant 24 heures dans du riz ou dans la terre, entre les racines d'un végétal. Les pendules en métal ne nécessitent pas de nettoyage.
- Les pendules en cristal peuvent aussi être nettoyés par immersion de la partie minérale dans l'eau ou sous un filet d'eau (vérifiez les conditions de purification du cristal).

Pour le recharger :

- Placez votre pendule à la lumière de la pleine lune toute la nuit, à l'abri des intempéries.

- Il est aussi possible d'utiliser la lumière du soleil lorsqu'il n'est pas au zénith, pendant 1 ou 2 heures, pour un nombre limité de cristaux.

- Vous pouvez également le placer dans une géode de cristal de roche ou d'améthyste pendant 24 heures.

- Pour les pendules en cristal, vérifiez les conditions en fonction de la pierre.

Pour le nettoyer et le recharger simultanément :

- Vous pouvez utiliser le bol tibétain : placez votre pendule à l'intérieur et faites « chanter » votre bol jusqu'à ce que vous estimiez que le nettoyage est effectué.

- Vous pouvez poser votre pendule pendant 24 heures sur une forme géométrique sacrée générant une onde de forme particulière, comme la fleur de vie ou la coquille Saint-Jacques.

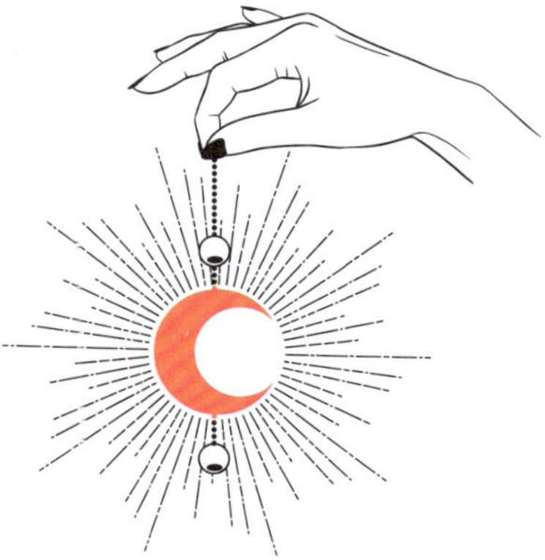

La radiesthésie et les planches de radiesthésie

La radiesthésie est une pratique qui a été nommée ainsi par l'abbé Bouly (1865-1958), le « père de la radiesthésie ».

Ce terme désigne le fait d'utiliser les champs d'énergie présents autour de nous et leurs variations pour faire osciller un pendule qui répond ainsi à nos questions.

Les planches de radiesthésie sont des supports créés pour pratiquer cet art. Il s'agit en général d'un demi-cercle garni de rayons auxquels on attribue une valeur quantitative (pour la datation par exemple) ou qualitative (pour les émotions par exemple).

Elles servent à obtenir une réponse précise à une question ouverte et leur nombre est infini puisque chacun peut créer ses propres planches.

Alfred Bovis (1871-1947) est un précurseur dans le développement de la géobiologie et de la radiesthésie.

Il étudia la science égyptienne antique, et en particulier la pyramide de Khéops, pour mettre au point son biomètre, appelé aussi « échelle de Bovis ».

Il s'agit d'un étalon de mesure du taux vibratoire des êtres vivants, des objets ou des lieux, chiffré à l'origine de 0 à 10 000 UB (unités arbitraires).

Aujourd'hui, on utilise l'échelle de Bovis comme planche de radiesthésie ; ses valeurs maximales sont beaucoup plus élevées qu'à l'origine.

Dans ce coffret vous trouverez 10 planches de radiesthésie détaillées ci-après.

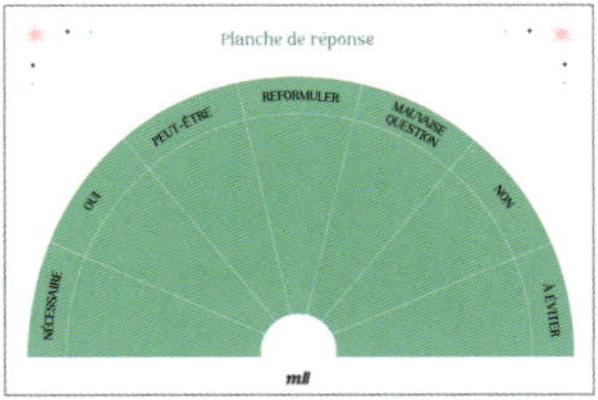

- Planche de réponse « oui/non/peut-être »

Cette planche permet d'obtenir les réponses à une question simple.

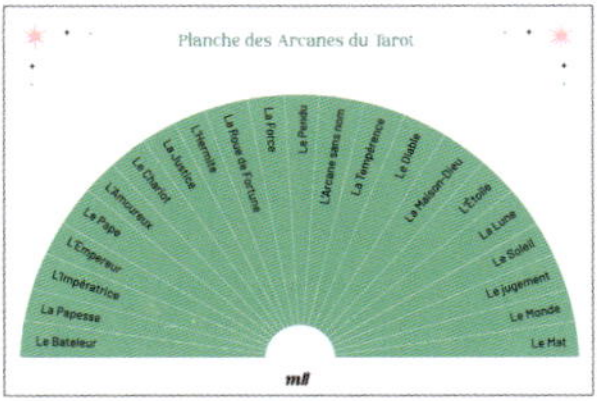

- Planche des Arcanes du Tarot

Cette planche permet de simuler un tirage de tarot de Marseille.

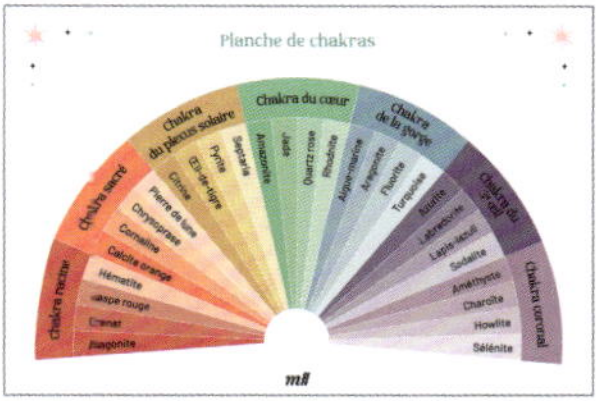

- Planche de chakras

Cette planche peut par exemple permettre de savoir quel chakra est à guérir et quelle pierre permettra de le soigner.

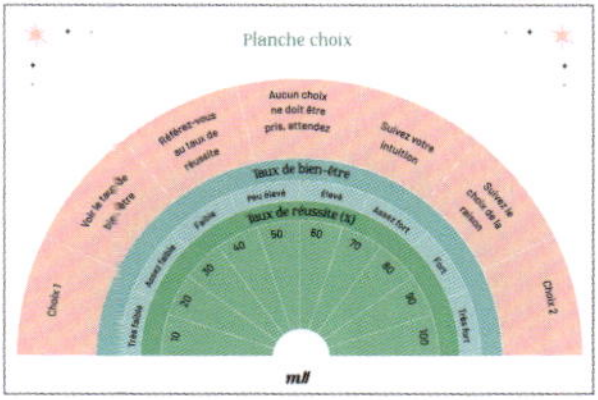

- Planche choix

Cette planche permet de prendre une décision selon plusieurs paramètres.

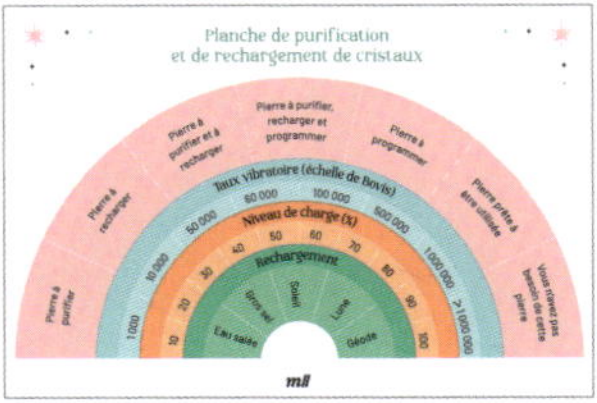

- Planche de purification et de rechargement des cristaux

Cette planche permet d'obtenir des informations sur vos pierres de lithothérapie.

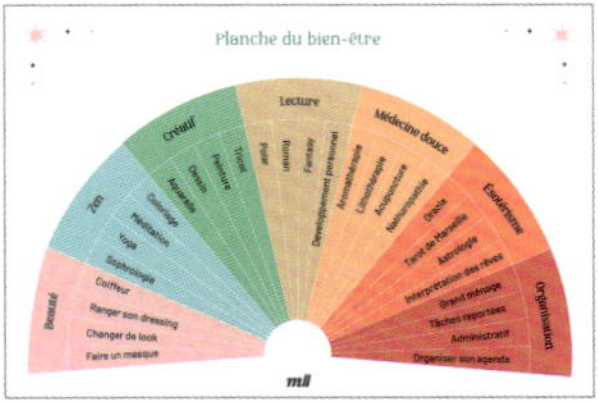

- Planche du bien-être

Cette planche permet de savoir ce qu'il faut faire parmi un grand nombre de propositions pour retrouver son bien-être.

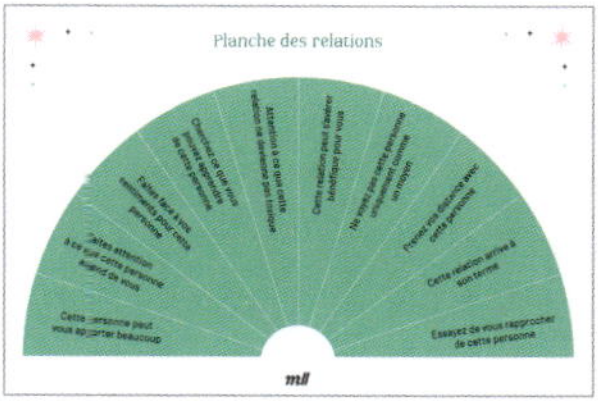

- Planche des relations

Cette planche permet d'analyser vos relations et de savoir si elles vous sont bénéfiques ou non.

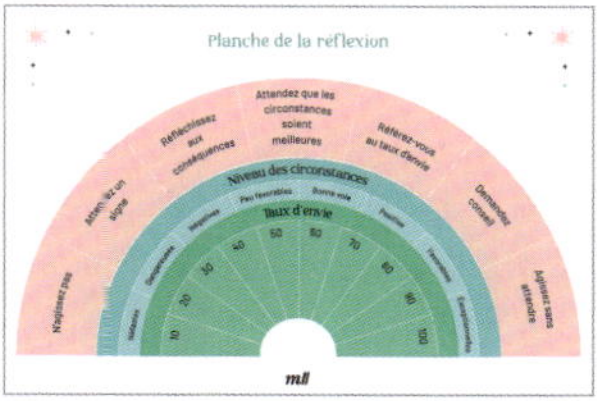

- Planche de la réflexion

Cette planche permet de trouver de l'aide lorsqu'un choix s'offre à vous.

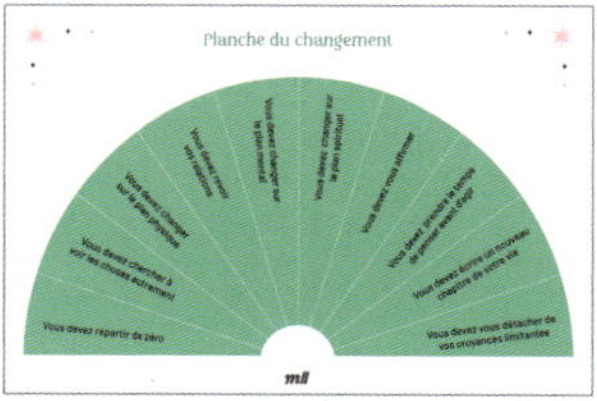

- Planche du changement

Cette planche vous révèle sur quelle partie de votre vie il faut envisager des changements.

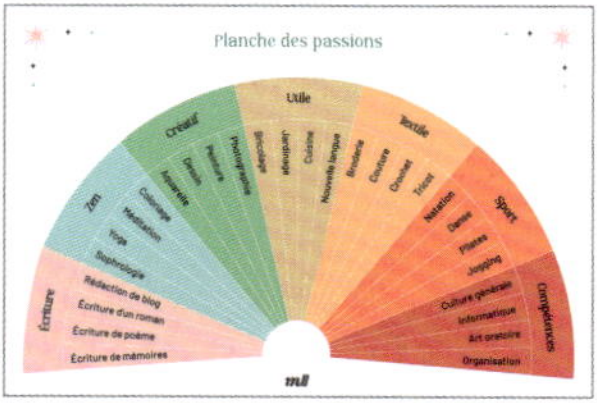

- Planche des passions

Cette planche permet de demander à votre pendule quelle sera la passion qui pourra vous aider à vous épanouir.

Vous pouvez également créer vos propres planches de radiesthésie. Que ce soient des planches complexes pour répondre à une situation à laquelle vous êtes confronté(e) ou des planches simples comme les planches de l'alphabet ou des nombres, savoir les réaliser pourra vous être utile.

Dessinez un demi-cercle et créez autant de section qu'il y a de réponses possibles, par exemple 26 sections pour l'alphabet et 10 pour les chiffres. Vous pouvez ensuite les plastifier ou les glisser dans une pochette en plastique pour les conserver plus longtemps.

N'hésitez pas à demander ce que vous souhaitez à votre pendule tant que cela correspond à ce pour quoi il a été programmé.

Ne peut être vendu séparément
du coffret *Le Pendule Mon coffret de divination*

7/9, rue Saint-Germain l'Auxerrois 75001 Paris

Direction de publication : Didier Ballot
Direction éditoriale : Marie Roussos
Responsable d'édition : Séverine Pedan
Édition : Thaïs Blocus, Kelian Fageon
Corrections : Géraldine Coullaud-Boudy
Création graphique et mise en pages : Colabcrea
Couverture : Colabcrea
Illustration : ©Shutterstock et ©Istock
Suivi de fabrication : M Paper

ISBN : 978-2-38355-618-3
Dépôt légal : octobre 2024
Achevé d'imprimer en août 2024 en Chine
par M Paper.

Planche de réponse

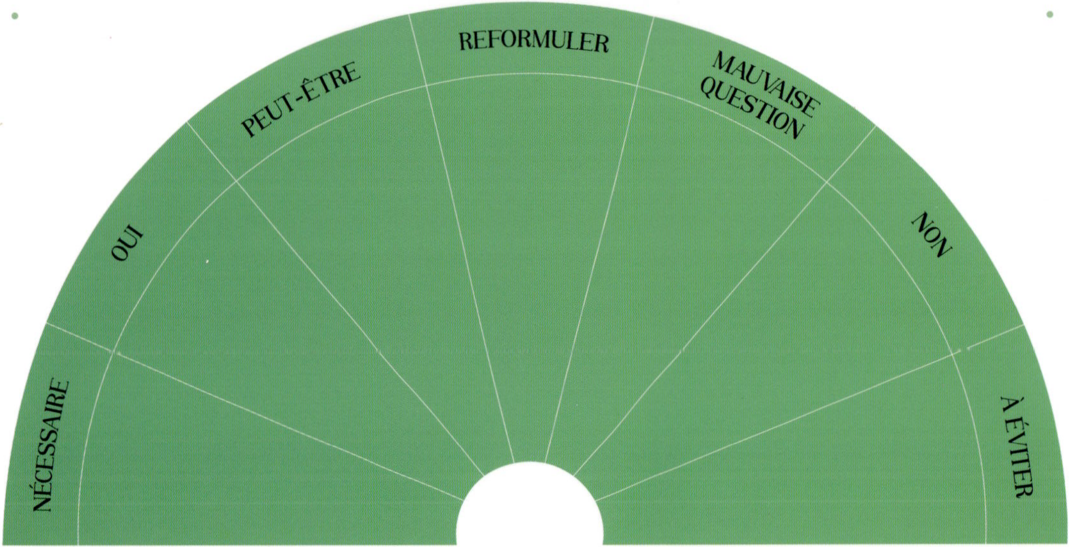

mll

Planche choix

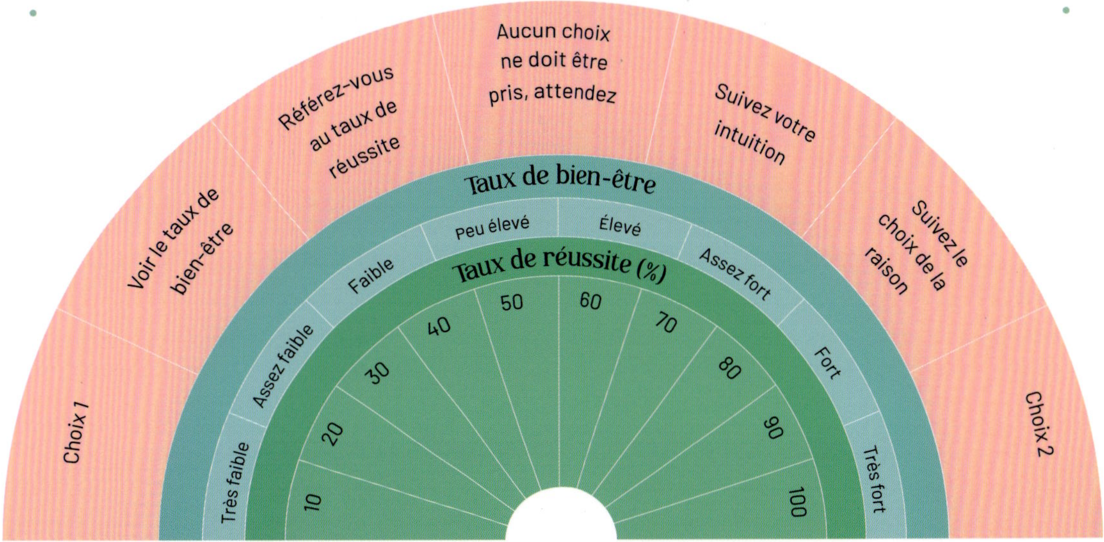

mll

Planche de purification et de rechargement de cristaux

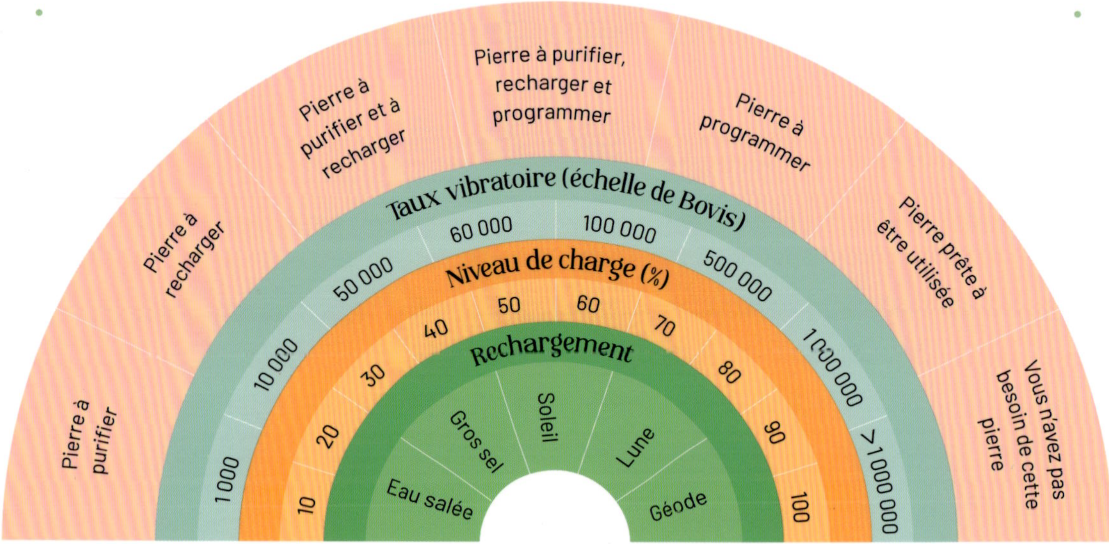

mll

Planche de la réflexion

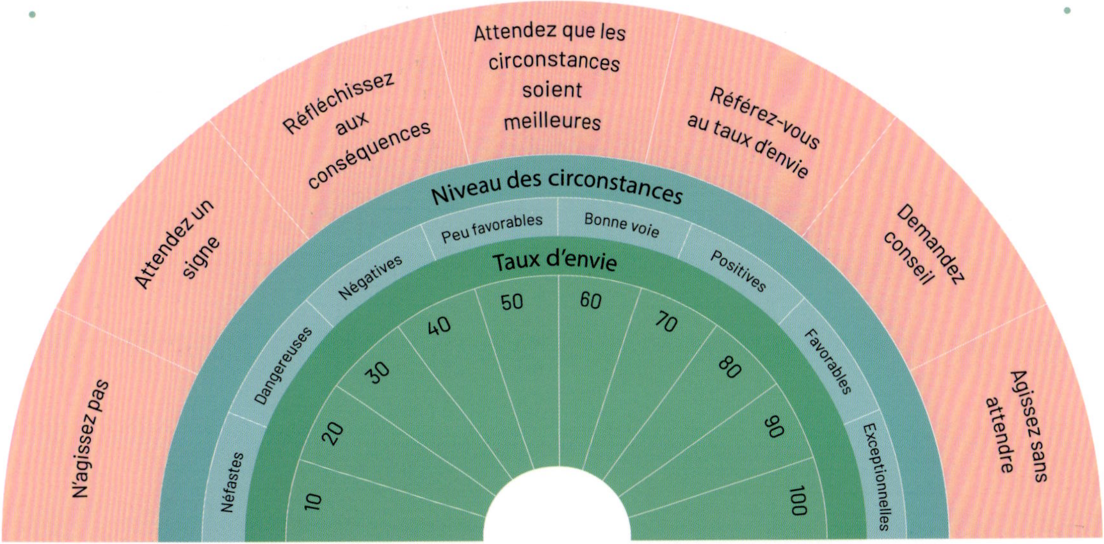

mll

Planche du changement

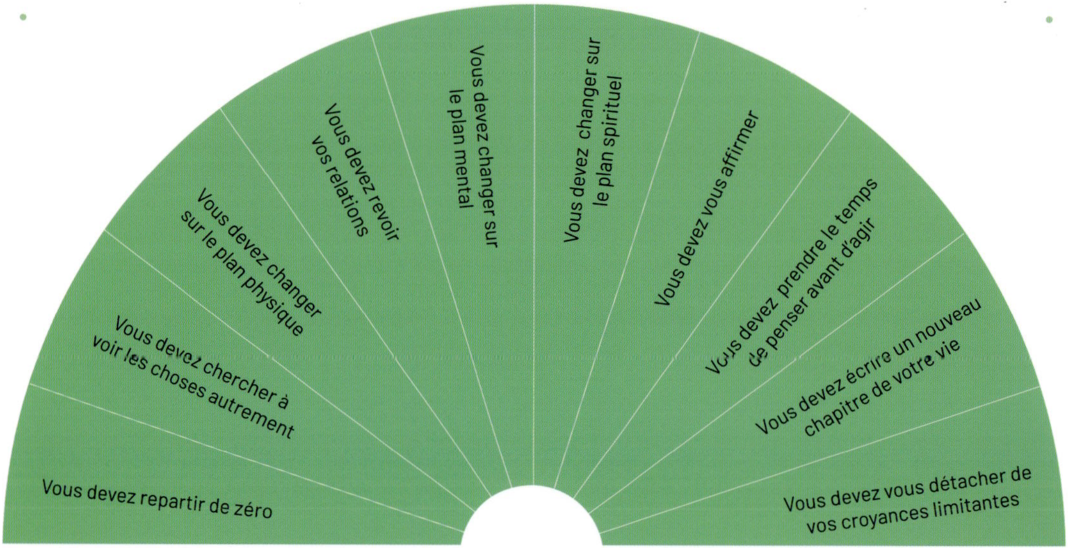

Planche des passions

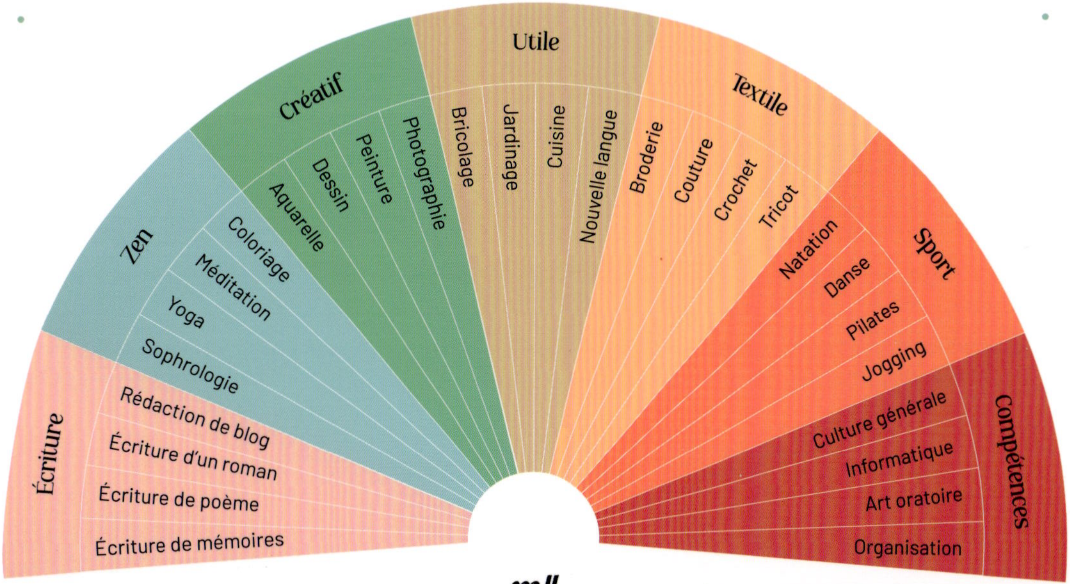

mll